本书编委会

执行主编：闫怡然

编　　者：王玉玲　冯嘉瑞　刘　伟

漫画大语文

这就是老舍

徐文海 / 主编
猫猫咪呀 / 绘

小 说

电子工业出版社
Publishing House of Electronics Industry
北京·BEIJING

未经许可，不得以任何方式复制或抄袭本书之部分或全部内容。
版权所有，侵权必究。

图书在版编目（CIP）数据

这就是老舍. 小说 / 徐文海主编；猫猫咪呀绘. --
北京：电子工业出版社，2023.8
（漫画大语文）
ISBN 978-7-121-46056-2

Ⅰ.①这… Ⅱ.①徐… ②猫… Ⅲ.①老舍（1899-
1966）—传记—儿童读物②老舍（1899-1966）—小说—文
学欣赏—儿童读物 Ⅳ.①K825.6-49②I206.6-49

中国国家版本馆CIP数据核字(2023)第142019号

责任编辑：王佳宇
印　　刷：北京缤索印刷有限公司
装　　订：北京缤索印刷有限公司
出版发行：电子工业出版社
　　　　　北京市海淀区万寿路173信箱　邮编：100036
开　　本：720×1000　1/16　印张：24.25　字数：213.4千字
版　　次：2023年8月第1版
印　　次：2023年8月第1次印刷
定　　价：149.00元（全4册）

凡所购买电子工业出版社图书有缺损问题，请向购买书店调换。若书店售缺，请与本社发行部联系，联系及邮购电话：（010）88254888，88258888。
质量投诉请发邮件至zlts@phei.com.cn，盗版侵权举报请发邮件至dbqq@phei.com.cn。
本书咨询联系方式：电话（010）88254147；邮箱wangjy@phei.com.cn。

序言

中央民族大学教授、博士生导师　徐文海

我与老舍有很深的缘分。

我今天落脚于北京，原初的巨大推动力是30多年前借同学的光全家在北京"东皇城根儿"住了一个暑假。记不清当时是哪一届的世界杯，每天耳朵里都是荷兰的三剑客：古利特、范巴斯滕、里杰卡尔德，在大杂院里我们每天在院子里洗脸、洗衣、洗菜，到院外去上厕所，还经常跑到老舍故居的门口，扒着门缝儿往里瞧……

从此我迷恋北京。

我是七七级的，毕业之后就成为大学老师，讲中国现当代文学，老舍正好是跨越这两个时代的经典作家，想绕也绕不过去。

有一次，一个做媒体的学生要做老舍的相关报道，邀我去老舍的故居——这一回就不是扒门缝儿了，而是堂而皇之地登堂入室。当时与大名鼎鼎的舒乙先生"对谈"，故地重游却有了"衣锦还乡"的感觉！

在现当代文学中，老舍作为一名伟大的小说家和剧作家，博得了世界声誉。但是，老舍走向伟大的道路是极其艰辛的。

老舍的话剧《茶馆》，通过北京一个名叫裕泰的茶馆在三个时期的变化，来表现19世纪末以后中国社会历史的变迁。这三个时期也正是老舍在新中国成立前亲身经历、感受非常深刻的时期。

老舍是在国破家亡、生灵涂炭的背景下来到这个世界的。

八国联军攻进北京，不仅造成了国难，也造成了族仇与家仇。他刚出生就是受难者，在幼小的心灵中埋下了仇恨的种子，过早地体验了什么是惶惑中的"偷生"。

之后，他阴差阳错地到了英国——火烧北京城的主谋与主力国，他的心中自然不会风平浪静。

终于完成了几年的约定，老舍从英国回到了祖国，他刚想要放松身心干一番事业，日本人的炮火却又跟了进来。老舍没有投笔从戎，而是高举着"文协"的大旗，毅然决然地走向充满着炮火和硝烟的抗敌前线……

新中国成立后，他曾担任许多有关文化教育与文学艺术的领导职务，繁重的工作并没有影响他的创作。他说："虽然我不会生产一斤铁，或一斗小米，我可会写一点，多供给人一点精神食粮。我不甘落后，也要增产"，"我终年是在拼命地写，发表也好，不发表也好，我要天天摸一摸笔"。

老舍是一位多产作家，一生共创作了一千多部（篇）作品。他的创作被概括为"勤、多、好"，他是文学创作中的"劳动模范"，被评为"人民艺术家"。

在现代文学中，老舍主要以小说家的身份出现，尤其是京味儿小说。在当代文学中，他又主要以剧作家的身份出现，不仅创作数量巨大，而且有《龙须沟》《茶馆》这样的经典之作，为人类的文学艺术做出了卓越的贡献。

　　他的散文篇数不多，篇幅也不长，但都写得韵味丰厚，写他的真情实感。老舍游历欧洲时，写过一篇散文《想北平》，其中说道，"就伦敦，巴黎，罗马来说，巴黎更近似北平……不过，假使让我'家住巴黎'，我一定会和没有家一样的感到寂苦，巴黎，据我看，还太热闹。"只有北平，可以让他"心中安全舒适，无所求也无可怕，像小儿安睡在摇篮里"。

　　这就是老舍！

骆驼祥子（节选）（二）

骆驼祥子（节选）（一）

【漫画】
特务老兄

【漫画】
墙上烤面包

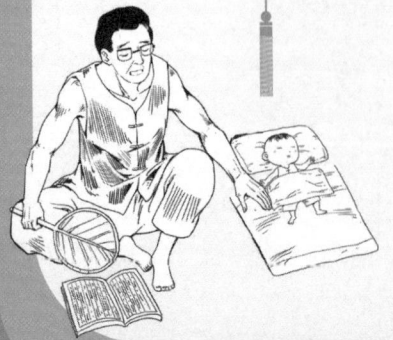

四世同堂（节选）(一)

断魂枪

【漫画】
"奴才"改稿

目录

CONTENTS

骆驼祥子（节选）

———

（一）

开门见山地点出本文的主人公。

我们所要介绍的是祥子，不是骆驼，因为"骆驼"只是个外号；那么，我们就先说祥子，随手儿把骆驼与祥子那点关系说过去，也就算了。

全文以二十世纪二十年代末期的北京市民生活为背景。

北平的洋车夫有许多派：年轻力壮，腿脚灵利的，讲究赁漂亮的车，拉"整天儿"，爱什么时候出车与收车都有自由；拉出车来，在固定的"车口"或宅门一放，专等坐快车的主儿；弄好了，也许一下子弄个一块两块的；碰巧了，也许白耗一天，连"车份儿"也没着落，但也不在乎。这一派哥儿们的希望大概有两个：或是拉包车；或是自己买上辆车，有了自己的车，再去拉包月或散座就没大关系了，反正车是自己的。

比这一派岁数稍大的，或因身体的关系而跑得稍差点劲的，或因家庭的关系而不敢白耗一天的，大概就多数的拉八成新的车；人与车都有相当的漂亮，所以在要价儿的时候也还能保持住相当的尊严。这派的车夫，也许拉"整天"，也许拉"半天"。在后者的情形下，因为还有相当的精气神，所以无论冬天夏天总是"拉晚儿"。夜间，当然比白天需要更多的留神与本事；钱自然也多挣一些。

年纪在四十以上，二十以下的，恐怕就不易在前两派里有个地位了。他们的车破，又不敢"拉晚儿"，所以只能早早的出车，希望能从清晨转到午后三四点钟，拉出"车份儿"和自己的嚼谷。他们的车破，跑得慢，所以得多走路，少要钱。到瓜市，果市，菜市，去拉货物，都是他们；钱少，可是无须快跑呢。

在这里，二十岁以下的——有的从十一二岁就干这行儿——很少能到二十岁以后改变成漂亮的车夫的，因为在幼年受了伤，很难健壮起来。他们也许拉一辈子洋车，而一辈子连拉车也没出过风头。那四十以上的人，有的是已拉了十年八年的车，筋肉的衰损使他们

车夫坎坷、悲惨的生活，揭露了当时社会的黑暗。

> "老油子"们以拉车的姿势、路线、讲价等手段努力维持昔日的光荣。

甘居人后,他们渐渐知道早晚是一个跟头会死在马路上。他们的拉车姿式,讲价时的随机应变,走路的抄近绕远,都足以使他们想起过去的光荣,而用鼻翅儿扇着那些后起之辈。可是这点光荣丝毫不能减少将来的黑暗,他们自己也因此在擦着汗的时节常常微叹。不过,以他们比较另一些四十

上下岁的车夫,他们还似乎没有苦到了家。这一些是以前决没想到自己能与洋车发生关系,而到了生和死的界限已经不甚分明,才抄起车把来的。被撤差的巡警或校役,把本钱吃光的小贩,或是失业的工匠,到了卖无可卖,当无可当的时候,咬着牙,含着泪,上了这条到死亡之路。这些人,生命最鲜壮的时期已经卖掉,现在再把窝窝头变成的血汗滴在马路上。没有力气,没有经验,没有朋友,就是在同行的当中也得不到好气儿。他们拉最破的车,皮带不定一天泄多少次气;一边拉着人还得一边儿央求人家原谅,虽然十五个大铜子儿已经算是甜买卖。

> 指的是拉车。

此外,因环境与知识的特异,又使一部分车夫另成派别。生于西苑海甸的自然以走西山,燕京,清华,较比方便;同样,在安定

> 人到中年,无奈走上拉车之路,这是靠生命和血汗赚到的钱。

门外的走清河，北苑；在永定门外的走南苑……这是跑长趟的，不愿拉零座；因为拉一趟便是一趟，不屑于三五个铜子的穷凑了。可是他们还不如东交民巷的车夫的气儿长，这些专拉洋买卖的讲究一气儿由交民巷拉到玉泉山，颐和园或西山。气长也还算小事，一般车夫万不能争这项生意的原因，大半还是因为这些吃洋饭的有点与众不同的知识，他们会说外国话。英国兵，法国兵，所说的万寿山，雍和宫，"八大胡同"，他们都晓得。他们自己有一套外国话，不传授给别人。他们的跑法也特别，四六步儿不快不慢，低着头，目不旁视的，贴着马路边儿走，带出与世无争，而自有专长的神气。因为拉着洋人，他们可以不穿号坎，而一律的是长袖小白褂，白的或黑的裤子，裤筒特别肥，脚腕上系着细带；脚上是宽双脸千层底青布鞋；干净，利落，神气。一见这样的服装，别的车夫不会再过来争座与赛车，他们似乎是属于另一行业的。

骆驼 = 祥子（老实、健壮而坚韧）
（老舍曾在自传中说自己老实、隐忍而骄傲，是不是有些眼熟？）

有了这点简单的分析，我们再说祥子的地位，就像说——我们希望——一盘机器上的某种钉子那么准确了。祥子，在与"骆驼"这个外号发生关系以前，是个较比有自由的洋车夫，这就是说，他是属于年轻力壮，而且自己有车的那一类：自己的车，自己的生活，都在自己手里，高等车夫。

这可绝不是件容易的事。一年，二年，至少有三四年；一滴汗，两滴汗，不知道多少万滴汗，才挣出那辆车。从风里雨里的咬牙，从饭里茶里的自苦，才赚出那辆车，<u>那辆车是他的一切挣扎与困苦的总结果与报酬，像身经百战的武士的一颗徽章</u>。在他赁人家的车的时候，他从早到晚，由东到西，由南到北，像被人家抽着转的陀螺；他没有自己。可是在这种旋转之中，他的眼并没有花，心并没有乱，他老想着远远的一辆车，可以使他自由，独立，像自己的手脚的那么一辆车。有了自己的车，他可以不再受拴车的人们的气，也无须敷衍别人，有自己的力气与洋车，睁开眼就可以有饭吃。

是的！环境影响着甚至在一定程度上决定着人的命运。

他不怕吃苦，也没有一般洋车夫的可以原谅而不便效法的恶习，他的聪明和努力都足以使他的志愿成为事实。假若他的环境好一些，或多受着点教育，他一定不会落在"胶皮团"里，而且无论是干什么，他总不会辜负了他的机会。不幸，他必须拉洋车；好，在这个营生里他也证明出他的能力与聪明。(他仿佛就是在地狱里也能作个好鬼似的。)生长在乡间，失去了父母与几亩薄田，十八岁的时候便

形象说明了祥子当时的美好心灵。
地狱——当时生活环境的特征；
好鬼——表明祥子的社会角色。

比喻坚持不懈的精神。
祥子的报酬都是通过那辆车和自己的努力得来的，车对祥子有着特殊意义，是他的一切！

- 05 -

跑到城里来。带着乡间小伙子的足壮与诚实，凡是以卖力气就能吃饭的事他几乎全作过了。可是，不久他就看出来，拉车是件更容易挣钱的事；作别的苦工，收入是有限的；拉车多着一些变化与机会，不知道在什么时候与地点就会遇到一些多于所希望的报酬。自然，他也晓得这样的机遇不完全出于偶然，而必须人与车都得漂亮精神，有货可卖才能遇到识货的人。想了一想，他相信自己有那个资格：他有力气，年纪正轻；所差的是他还没有跑过，与不敢一上手就拉漂亮的车。但这不是不能胜过的困难，有他的身体与力气作基础，他只要试验个十天半月的，就一定能跑得有个样子，然后去赁辆新车，说不定很快的就能拉上包车，然后省吃俭用的一年二年，即使是三四年，他必能自己打上一辆车，顶漂亮的车！看着自己的青年的肌肉，他以为这只是时间的问题，这是必能达到的一个志愿与目的，绝不是梦想！

　　他的身量与筋肉都发展到年岁前边去；二十来的岁，他已经很大很高，虽然肢体还没被年月铸成一定的格局，可是已经像个成人了——一个脸上身上都带出天真淘气的样子的大人。看着那高等的车夫；他计划着怎样杀进他的腰去，好更显出他的铁扇面似的胸，与直硬的背；扭头看看自己的肩，多么宽，多么威严！杀好了腰，再穿上肥腿的白裤，裤脚用鸡肠子带儿系住，露出那对"出号"的大脚！是的，他无疑的可以成为最出色的车夫；傻子似的他自己笑了。

> 白描式肖像描写，简洁而又传神！

> 此时他朴实健壮的外表正可以和下文被打入低谷后的他进行对比——作者对他真是又憎恶又怜悯！

他没有什么模样，使他可爱的是脸上的精神。头不很大，圆眼，肉鼻子，两条眉很短很粗，头上永远剃得发亮。腮上没有多余的肉，脖子可是几乎与头一边儿粗；脸上永远红扑扑的，特别亮的是颧骨与右耳之间一块不小的疤——小时候在树下睡觉，被驴啃了一口。他不甚注意他的模样，他爱自己的脸正如同他爱自己的身体，都那么结实硬棒；他把脸仿佛算在四肢之内，只要硬棒就好。是的，到城里以后，他还能头朝下，倒着立半天。这样立着，他觉得，他就很像一棵树，上下没有一个地方不挺脱的。他确乎有点像一棵树，坚壮，沉默，而又有生气。他有自己的打算，有些心眼，但不好向别人讲论。在洋车夫里，个人的委屈与困难是公众的话料，"车口儿"上，小茶馆中，大杂院里，每人报告着形容着或吵嚷着自己的事，而后这些事成为大家的财产，像民歌似的由一处传到一处。祥子是乡下人，口齿没有城里人那么灵便；设若口齿灵利是出于天才，他天生来的不愿多说话，所以也不愿学着城里人的贫嘴恶舌。他的事他知道，不喜欢和别人讨论。因为嘴

> 北方方言，强劲结识，挺括舒展。

> 与下文祥子的堕落形成对比，表现出黑暗社会对人们心灵造成的创伤

> 生动的比喻！形象地写出了祥子的坚定以及锲而不舍的精神。

> 可以看出祥子的坚定，
> 他明白自己的心！

常闲着，所以他有工夫去思想，他的眼仿佛是老看着自己的心。只要他的主意打定，他便随着心中所开开的那条路儿走；假若走不通的话，他能一两天不出一声，咬着牙，好似咬着自己的心！

他决定去拉车，就拉车去了。赁了辆破车，他先练练腿。第一天没拉着什么钱。第二天的生意不错，可是躺了两天，他的脚脖子肿得像两条瓠子似的，再也抬不起来。他忍受着，不管是怎样的疼痛。他知道这是不可避免的事，这是拉车必须经过的一关。非过了这一关，他不能放胆的去跑。

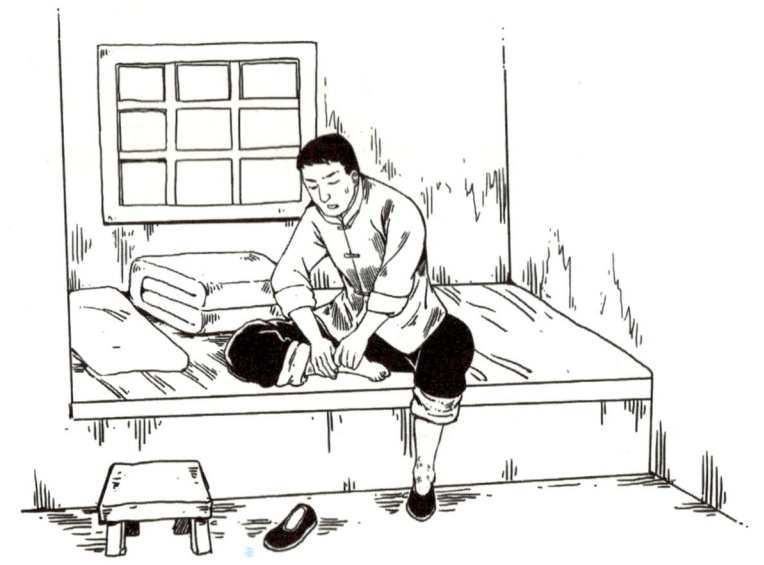

脚好了之后，他敢跑了。这使他非常的痛快，因为别的没有什么可怕的了：地名他很熟习，即使有时候绕点远也没大关系，好在自己有的是力气。拉车的方法，以他干过的那些推，拉，扛，挑的经验来领会，也不算十分难。况且他有他的主意：多留神，少争胜，大概总不会出了毛病。至于讲价争座，他的嘴慢气盛，弄不过那些老油子们。知道这个短处，他干脆不大到"车口儿"上去；哪里没车，他放在哪里。在这僻静的地点，他可以从容的讲价，而且有时候不肯要价，只说声："坐上吧，瞧着给！"他的样子是那么诚实，脸上是那么简单可爱，人们好像只好信任他，不敢想这个傻大个子是会敲人的。即使人们疑心，也只能怀疑他是新到城里来的乡下老儿，大概不认识路，所以讲不出价钱来。以至人们问到，"认识呀？"他就又像装傻，又像耍俏的那么一笑，使人们不知怎样才好。

两三个星期的工夫，他把腿溜出来了。他晓得自己的跑法很好看。跑法是车夫的能力与资格的证据。那撇着脚，像一对蒲扇在地上扇乎的，无疑的是刚由乡间上来的新手。那头低得很深，双脚蹬地，跑和走的速度差不多，而颇有跑的表示的，是那些五十岁以上的老者们。那经验十足而没什么力气的却另有一种方法；胸向内含，度数很深；腿抬得很高；一走一探头；这样，他们就带出跑得很用力的样子，而在事实上一点也不比别人快；他们仗着"作派"去维持自己的尊严。祥子当然决不采取这几种姿态。他的腿长步大，腰里非常的稳，跑起来没有多少响声，步步都有些伸缩，车把不动，使座儿觉到安全，舒服。说站住，不论在跑得多么快的时候，大脚在地上轻蹭两蹭，就站住了；他的力气似乎能达到车的各部分。脊背

> "儿化"是北京话中特有的合音现象，本文中大量使用了北京口语和方言，能够更好地突出人物性格、烘托气氛。

> 和"老油子"们相比，祥子也有他的生意经。

微俯,双手松松拢住车把,他活动,利落,准确;看不出急促而跑得很快,快而没有危险。就是在拉包车的里面,这也得算很名贵的。

他换了新车。从一换车那天,他就打听明白了,像他赁的那辆——弓子软,铜活地道,雨布大帘,双灯,细脖大铜喇叭——值一百出头;若是漆工与铜活含忽一点呢,一百元便可以打住。大概的说吧,他只要有一百块钱,就能弄一辆车。猛然一想,一天要是能剩一角的话,一百元就是一千天,一千天!把一千天堆到一块,他几乎算不过来这该有多么远。但是,他下了决心,一千天,一万天也好,他得买车!第一步他应当,他想好了,去拉包车。遇上交际多,饭局多的主儿,平均一月有上十来个饭局,他就可以白落两三块的车饭钱。加上他每月再省出个块儿八角的,也许是三头五块的,一年就能剩起五六十块!这样,他的希望就近便多多了。他不吃烟,不喝酒,不赌钱,没有任何嗜好,没有家庭的累赘,只要他自己肯咬牙,事儿就没有个不成。他对自己起下了誓,一年半的工夫,他——祥子——非打成自己的车不可!是现打的,不要旧车见过新的。

他真拉上了包月。可是,事实并不完全帮助希望。不错,他确是咬了牙,但是到了一年半他并没还上那个誓愿。包车确是拉上了,而且谨慎小心的看着事情;不幸,世上的事并不是一面儿的。他自管小心他的,东家并不因此就不辞他;不定是三两个月,还是十天八天，吹了；他得另去找事。自然，他得一边儿找事，还得一边儿拉散座；骑马找马，他不能闲起来。在这种时节，他常常闹错儿。他还强打着精神，不专为混一天的嚼谷，而且要继续着积储买车的钱。可是强打精神永远不是件妥当的事：拉起车来，他不能专心一志的跑，好像老想着些什么，越想便越害怕，越气不平。假若老这么下去，几时才能买上车呢？为什么这样呢？难道自己还算个不要强的？在这么乱想的时候，他忘了素日的谨慎。皮轮子上了碎铜烂磁片，放了炮；只好收车。更严重一些的，<mark>有时候碰了行人，甚至有一次因急于挤过去而把车轴盖碰丢了。</mark>设若他是拉着包车，这些

> 祥子遇到了无数的困难，揭示了当时社会的黑暗和人民生活的坎坷。

错儿绝不能发生；一搁下了事，他心中不痛快，便有点愣头磕脑的。碰坏了车，自然要赔钱；这更使他焦躁，火上加了油；为怕惹出更

大的祸，他有时候懊睡一整天。及至睁开眼，一天的工夫已白白过去，他又后悔，自恨。还有呢，在这种时期，他越着急便越自苦，吃喝越没规则；他以为自己是铁作的，可是敢情他也会病。病了，他舍不得钱去买药，自己硬挺着；结果，病越来越重，不但得买药，而且得一气儿休息好几天。这些个困难，使他更咬牙努力，可是买车的钱数一点不因此而加快的凑足。

整整的三年，他凑足了一百块钱！ *这在当时可不是一笔小数目！*

[他不能再等了。原来的计划是买辆最完全最新式最可心的车，现在只好按着一百块钱说了。不能再等；万一出点什么事再丢失几块呢！恰巧有辆刚打好的车(定作而没钱取货的)跟他所期望的车差不甚多；本来值一百多，可是因为定钱放弃了，车铺愿意少要一点。祥子的脸通红，手哆嗦着，拍出九十六块钱来："我要这辆车！"铺主打算挤到个整数，说了不知多少话，把他的车拉出去又拉进来，支开棚子，又放下，按按喇叭，每一个动作都伴着一大串最好的形容词；最后还在钢轮条上踢了两脚，"听听声儿吧，铃铛似的！拉去吧，你就是把车拉碎了，要是钢条软了一根，你拿回来，把它摔在我脸上！一百块，少一分咱们吹！"祥子把钱又数了一遍，"我要这辆车，九十六！"铺主知道是遇见了一个心眼的人，看看钱，看看祥子，叹了口气："交个朋友，车算你的了；保六个月：除非你把大箱碰碎，我都白给修理；保单，拿着！"]

祥子的三起三落：(此处为一起)
一起：买新车——一落：被抓壮丁；二起：攒钱买新车——二落：积蓄被抢；
三起：虎妞为他买新车——三落：为虎妞卖车。

祥子的手哆嗦得更厉害了，揣起保单，拉起车，几乎要哭出来。拉到个僻静地方，细细端详自己的车，在漆板上试着照照自己的脸！越看越可爱，就是那不尽合自己的理想的地方也都可以原谅了，因为已经是自己的车了。把车看得似乎暂时可以休息会儿了，他坐在了水簸箕的新脚垫儿上，看着车把上的发亮的黄铜喇叭。他忽然想起来，今年是二十二岁。因为父母死得早，他忘了生日是在哪一天。自从到城里来，他没过一次生日。好吧，今天买上了新车，就算是生日吧，人的也是车的，好记，而且车既是自己的心血，简直没什么不可以把人与车算在一块的地方。

怎样过这个"双寿"呢？祥子有主意：头一个买卖必须拉个穿得体面的人，绝对不能是个女的。最好是拉到前门，其次是东安市场。拉到了，他应当在最好的饭摊上吃顿饭，如热烧饼夹爆羊肉之类的东西。吃完，有好买卖呢就再拉一两个；没有呢，就收车；这是生日！

自从有了这辆车，他的生活过得越来越起劲了。拉包月也好，拉散座也好，他天天用不着为"车份儿"着急，拉多少钱全是自己的。心里舒服，对人就更和气，买卖也就更顺心。拉了半年，他的希望更大了：照这样下去，干上二年，至多二年，他就又可以买辆车，一辆，两辆……他也可以开车厂子了！

可是，希望多半落空，祥子的也非例外。

都能看出祥子的喜悦！

过渡句，为下文祥子的车被抢进行铺垫。

扫码听音频

墙上烤面包

墙上烤面包

墙上烤面包

墙上烤面包

墙上烤面包

墙上烤面包

墙上烤面包

骆驼祥子（节选）

一

（二）

因为高兴，胆子也就大起来；自从买了车，祥子跑得更快了。自己的车，当然格外小心，可是他看看自己，再看看自己的车，就觉得有些不是味儿，假若不快跑的话。

他自己，自从到城里来，又长高了一寸多。他自己觉出来，仿佛还得往高里长呢。不错，他的皮肤与模样都更硬棒与固定了一些，而且上唇上已有了小小的胡子；可是他以为还应当再长高一些。当他走到个小屋门或街门而必须大低头才能进去的时候，他虽不说什么，可是心中暗自喜欢，因为他已经是这么高大，而觉得还正在发长，他似乎既是个成人，又是个孩子，非常有趣。

这么大的人，拉上那么美的车，他自己的车，弓子软得颤悠颤

> 表达了祥子对车的喜爱。车当然不可能有感情，但祥子愉悦的心情促使他感觉到车仿佛有了知觉。

悠的，连车把都微微的动弹；车箱是那么亮，垫子是那么白，喇叭是那么响；跑得不快怎能对得起自己呢，怎能对得起那辆车呢？这一点不是虚荣心，而似乎是一种责任，非快跑，飞跑，不足以充分发挥自己的力量与车的优美。==那辆车也真是可爱，拉过了半年来的，仿佛处处都有了知觉与感情，祥子的一扭腰，一蹲腿，或一直脊背，它都就马上应合着，给祥子以最顺心的帮助，他与它之间没有一点隔膜别扭的地方。==赶到遇上地平人少的地方，祥子可以用一只手拢着把，微微轻响的皮轮像阵利飕的小风似的催着他跑，飞快而平稳。拉到了地点，祥子的衣裤都拧得出汗来，哗哗的，像刚从水盆里捞出来。他感到疲乏，可是很痛快的，值得骄傲的，一种疲乏，如同骑着名马跑了几十里那样。

假若胆壮不就是大意，祥子在放胆跑的时候可并不大意。不快跑若是对不起人，快跑而碰伤了车便对不起自己。车是他的命，他知道怎样的小心。小心与大胆放在一处，他便越来越能自信，他深信自己与车都是铁作的。

因此，他不但敢放胆的跑，对于什么时候出车也不大去考虑。他觉得用力拉车去挣口饭吃，是天下最有骨气的事；他愿意出去，没人可以拦住他。(外面的谣言他不大往心里听)，什么西苑又来了兵，什么长辛店又打上了仗，什么西直门外又在拉伕，什么齐化门已经关了半天，他都不大注意。自然，街上铺户已都上了门，而马路上

> 因为自信所以不相信谣言，为下文车被抢进行铺垫。

> fū，同"夫"。

站满了武装警察与保安队,他也不便故意去找不自在,也和别人一样急忙收了车。可是,谣言,他不信。他知道怎样谨慎,特别因为车是自己的,但是他究竟是乡下人,不像城里人那样听见风便是雨。再说,他的身体使他相信,即使不幸赶到"点儿"上,他必定有办法,不至于吃很大的亏;他不是容易欺侮的,那么大的个子,那么宽的肩膀!

战争的消息与谣言几乎每年随着春麦一块儿往起长,麦穗与刺刀可以算作北方人的希望与忧惧的象征。祥子的新车刚交半岁的时候,正是麦子需要春雨的时节。春雨不一定顺着人民的盼望而降落,可是战争不管有没有人盼望总会来到。谣言吧,真事儿吧,祥子似乎忘了他曾经作过庄稼活;他不大关心战争怎样的毁坏田地,也不大注意春雨的有无。他只关心他的车,他的车能产生烙饼与一切吃食,它是块万能的田地,很驯顺的随着他走,一块活地,宝地。因

侧面写出作者对于战争的厌恶。

> 写出祥子的乐观+战争的坏处。

为缺雨，因为战争的消息，粮食都长了价钱；这个，祥子知道。可是他和城里人一样的只会抱怨粮食贵，而一点主意没有；粮食贵，贵吧，谁有法儿教它贱呢？<u>这种态度使他只顾自己的生活，把一切祸患灾难都放在脑后。</u>

设若城里的人对于一切都没有办法，他们可会造谣言——有时完全无中生有，有时把一分真事说成十分——以便显出他们并不愚傻与不作事。他们像些小鱼，闲着的时候把嘴放在水皮上，吐出几个完全没用的水泡儿也怪得意。在谣言里，最有意思是关于战争的。别种谣言往往始终是谣言，好像谈鬼说狐那样，不会说着说着就真见了鬼。关于战争的，正是因为根本没有正确消息，谣言反倒能立竿见影。在小节目上也许与真事有很大的出入，可是对于战争本身的有无，十之八九是正确的。==“要打仗了！”这句话一经出口，早晚准会打仗；至于谁和谁打，与怎么打，那就一个人一个说法了。==祥子并不是不知道这个。不过，干苦工的人们——拉车的也在内——虽然不会欢迎战争，可是碰到了它也不一定就准倒霉。每逢战争一来，最着慌的是阔人们。

> 为后文祥子出城拉车被抓进行铺垫。

> 在当时的社会，金钱是万恶之源！
> 人们为了得到它而疯狂！

他们一听见风声不好，赶快就想逃命；钱使他们来得快，也跑得快。==他们自己可是不会跑，因为腿脚被钱赘的太沉重。==他们得雇许多人作他们的腿，箱子得有人抬，老幼男女得有车拉；在这个时候，专卖手脚的哥儿们的手与脚就一律贵起来："前门，东车站！""哪儿？""东——车——站！""呕，干脆就给一块四毛钱！不用驳回，兵荒马乱的！"

就是在这个情形下，祥子把车拉出城去。谣言已经有十来天了，东西已都涨了价，可是战事似乎还在老远，一时半会儿不会打到北平来。祥子还照常拉车，并不因为谣言而偷点懒。有一天，拉到了西城，他看出点棱缝来。在护国寺街西口和新街口没有一个招呼"西苑哪？清华呀？"的。在新街口附近他转悠了一会儿。听说车已经都不敢出城，西直门外正在抓车，大车小车骡车洋车一齐抓。他想

> 作品里蕴含着浓重的北京味儿，
> 故事主要发生在西安门大街、
> 南北长街、毛家湾和西山一带。

喝碗茶就往南放车；车口的冷静露出真的危险，他有相当的胆子，但是不便故意的走死路。正在这个接骨眼儿，从南来了两辆车，车上坐着的好像是学生。拉车的一边走，一边儿喊："有上清华的没有？嗨，清华！"

> 神态描写与细节描写，生动写出了车主们不愿出车又不好明说的神态，为后面祥子出车进行铺垫。

车口上的几辆车没有人答碴儿，大家有的看着那两辆车淡而厌的微笑，有的叼着小烟袋坐着，连头也不抬。那两辆车还继续的喊："都哑巴了？清华！"

"两块钱吧，我去！"一个年轻光头的矮子看别人不出声，开玩笑似的答应了这么一句。

"拉过来！再找一辆！"那两辆车停住了。

年轻光头的楞了一会儿，似乎不知怎样好了。别人还都不动。祥子看出来，出城一定有危险，要不然两块钱清华——平常只是二三毛钱的事儿——为什么会没人抢呢？他也不想去。可是那个光头的小伙子似乎打定了主意，要是有人陪他跑一趟的话，他就豁出去了；他一眼看中了祥子："大个子，你怎样？"

"**大个子**"三个字把祥子招笑了，这是一种赞美。他心中打开了转儿：凭这样的赞美，似乎也应当捧那身矮胆大的光头一场；再说呢，两块钱是两块钱，这不是天天能遇到的事。危险？难道就那样巧？况且，前两天还有人说天坛住满了兵；他亲眼看见的，那里连个兵毛儿也没有。这么一想，他把车拉过去了。

> 祥子的第一个外号，此时的祥子有尊严、有形象，还没有成为"骆驼祥子"。

拉到了西直门，城洞里几乎没有什么行人。祥子的心凉了一些。光头也看出不妙，可是还笑着说："招呼吧，伙计！是福不是祸，今儿个就是今儿个啦！"祥子知道事情要坏，可是在街面上混了这几年了，不能说了不算，不能耍老娘们脾气！

出了西直门，真是连一辆车也没遇上；祥子低下头去，不敢再看马路的左右。他的心好像直顶他的肋条。到了高亮桥，他向四围打了一眼，并没有一个兵，他又放了点心。两块钱到底是两块钱，他盘算着，没点胆子哪能找到这么俏的事。他平常很不喜欢说话，可是这阵儿他愿意跟光头的矮子说几句，街上清静得真可怕。"抄土道走吧？马路上——"

"那还用说，"矮子猜到他的意思，"自要一上了便道，咱们就算有点底儿了！"

还没拉到便道上，祥子和光头的矮子连车带人都被十来个兵捉了去！

虽然已到妙峰山开庙进香的时节，夜里的寒气可还不是一件单衫所能挡得住的。祥子的身上没有任何累赘，除了一件灰色单军服上身，和一条蓝布军裤，都被汗沤得奇臭——自从还没到他身上的时候已经如此。由这身破军衣，他想起自己原来穿着的白布小褂与那套阴丹士林蓝的夹裤褂；那是多么干净体面！是的，世界上还有许多比阴丹士林蓝更体面的东西，可是祥子知道自己混到那么干净

> 车被抢，人也被打伤，
> 揭露了当时社会的黑暗！

利落已经是怎样的不容易。闻着现在身上的臭汗味，他把以前的挣扎与成功看得分外光荣，比原来的光荣放大了十倍。[他越想着过去便越恨那些兵们。他的衣服鞋帽，洋车，甚至于系腰的布带，都被他们抢了去；只留给他青一块紫一块的一身伤，和满脚的疱（pào）！不过，衣服，算不了什么；身上的伤，不久就会好的。他的车，几年的血汗挣出来的那辆车，没了！自从一拉到营盘里就不见了！以前的一切辛苦困难都可一眨眼忘掉，可是他忘不了这辆车！]

吃苦，他不怕；可是再弄上一辆车不是随便一说就行的事；至少还得几年的工夫！过去的成功全算白饶，他得重打鼓另开张打头儿来！祥子落了泪。==他不但恨那些兵，而且恨世上的一切了。凭什么把人欺侮到这个地步呢？凭什么？"凭什么？"他喊了出来。==

> 此时的他还想通过努力摆脱悲惨的命运，
> 最后却失败堕落 → 批判了不让好人有出路的黑暗社会。

这一喊——虽然痛快了些——马上使他想起危险来。别的先不去管吧，逃命要紧！

他在哪里呢？他自己也不能正确的回答出。这些日子了，他随着兵们跑，汗从头上一直流到脚后跟。走，得扛着拉着或推着兵们的东西；站住，他得去挑水烧火喂牲口。他一天到晚只知道怎样把最后的力气放在手上脚上，心中成了块空白。到了夜晚，头一挨地他便像死了过去，而永远不再睁眼也并非一定是件坏事。

最初，他似乎记得兵们是往妙峰山一带退却。及至到了后山，他只顾得爬山了，而时时想到不定哪时他会一交跌到山涧里，把骨肉被野鹰们啄尽，不顾得别的。在山中绕了许多天，忽然有一天山路越来越少，当太阳在他背后的时候，他远远的看见了平地。晚饭的号声把出营的兵丁唤回，有几个扛着枪的牵来几匹骆驼。

成了后来祥子逃跑的契机。

骆驼！祥子的心一动，忽然的他会思想了，好像迷了路的人忽然找到一个熟识的标记，把一切都极快的想了起来。骆驼不会过山，他一定是来到了平地。在他的知识里，他晓得京西一带，像八里庄，黄村，北辛安，磨石口，五里屯，三家店，都有养骆驼的。难道绕来绕去，绕到磨石口来了吗？这是什么战略——假使这群只会跑路与抢劫的兵们也会有战略——他不晓得。可是他确知道，假如这真是磨石口的话，兵们必是绕不出山去，而想到山下来找个活路。磨石口是个好地方，往东北可以回到西山；往南可以奔长辛店，或丰台；一直出口子往西也是条出路。他为兵们这么盘算，心中也就为自己画出一条道儿来：这到了他逃走的时候了。万一兵们再退回乱山里去，他就是逃出兵的手掌，也还有饿死的危险。要逃，就得乘这个机会。由这里一跑，他相信，一步就能跑回海甸！虽然中间隔着那么多地方，可是他都知道呀；一闭眼，他就有了个地图：这里是磨石口——老天爷，这必须是磨石口！——他往东北拐，过金顶山，礼王坟，就是八大处；从四平台往东奔杏子口，就到了南辛庄。为是有些遮隐，他顶好还顺着山走，从北辛庄，往北，过魏家村；往北，过南河滩；再往北，到红山头，杰王府；静宜园了！找到静宜园，闭着眼他也可以摸到海甸去！他的心要跳出来！这些日子，他的血似乎全流到四肢上去；<u>这一刻，仿佛全归到心上来；心中发热，四肢反倒冷起来；热望使他浑身发颤！</u> 写出了祥子的激动和兴奋！

一直到半夜，他还合不上眼。希望使他快活，恐惧使他惊惶，他想睡，但睡不着，四肢像散了似的在一些干草上放着。什么响动

◇悲哀：自己仍在被俘的状态。
◇安慰：有逃跑的希望。

也没有，只有天上的星伴着自己的心跳。骆驼忽然哀叫了两声，离他不远。他喜欢这个声音，像夜间忽然听到鸡鸣那样使人悲哀，又觉得有些安慰。

远处有了炮声，很远，但清清楚楚的是炮声。他不敢动，可是马上营里乱起来。他闭住了气，机会到了！他准知道，兵们又得退却，而且一定是往山中去。这些日子的经验使他知道，这些兵的打仗方法和困在屋中的蜜蜂一样，只会到处乱撞。有了炮声，兵们一定得跑；那么，他自己也该精神着点了。他慢慢的，闭着气，在地上爬，目的是在找到那几匹骆驼。他明知道骆驼不会帮助他什么，但他和它们既同是俘虏，好像必须有些同情。军营里更乱了，他找到了骆驼——几块土岗似的在黑暗中趴伏着，除了粗大的呼吸，一点动静也没有，似乎天下都很太平。这个，教他壮起点胆子来。他伏在骆驼旁边，像兵丁藏在沙口袋后面那样。极快的他想出个道理来：炮声是由南边来的，即使不是真心作战，至少也是个"此路不通"的警告。那么，这些兵还得逃回山中去。真要是上山，他们不能带着骆驼。这样，骆驼的命

炮声制造的混乱让祥子得以趁机逃走。

运也就是他的命运。他们要是不放弃这几个牲口呢，他也跟着完事；他们忘记了骆驼，他就可以逃走。把耳朵贴在地上，他听着有没有脚步声儿来，心跳得极快。

不知等了多久，始终没人来拉骆驼。他大着胆子坐起来，从骆驼的双峰间望过去，什么也看不见，四外极黑。逃吧！不管是吉是凶，逃！

> 他在挣扎，在对黑暗进行反抗，但这反抗是盲目的，注定没有结果。

特务老兄

抗战时期，局势紧张，谣言四起。
听说了吗？有个叫“舒舍予”的，一下子买了 107 根黄金！
舒舍予不就是老舍吗？
是吧，就是他！
看他平时穿得挺朴素的，竟然这么有钱！
你懂什么！这叫深藏不露！

特务老兄

记者们纷纷找上门来——
老舍先生，请问您真的买了那么多的黄金吗？
唉……这个舒舍予确实和我同名同姓，但你们真相信我能买得起这么多的黄金吗？
放心，我们新华日报会帮先生辟谣的！
新華日報
抗日救國
闢謠
黃金案中的“舒舍予”
與老舍先生無關

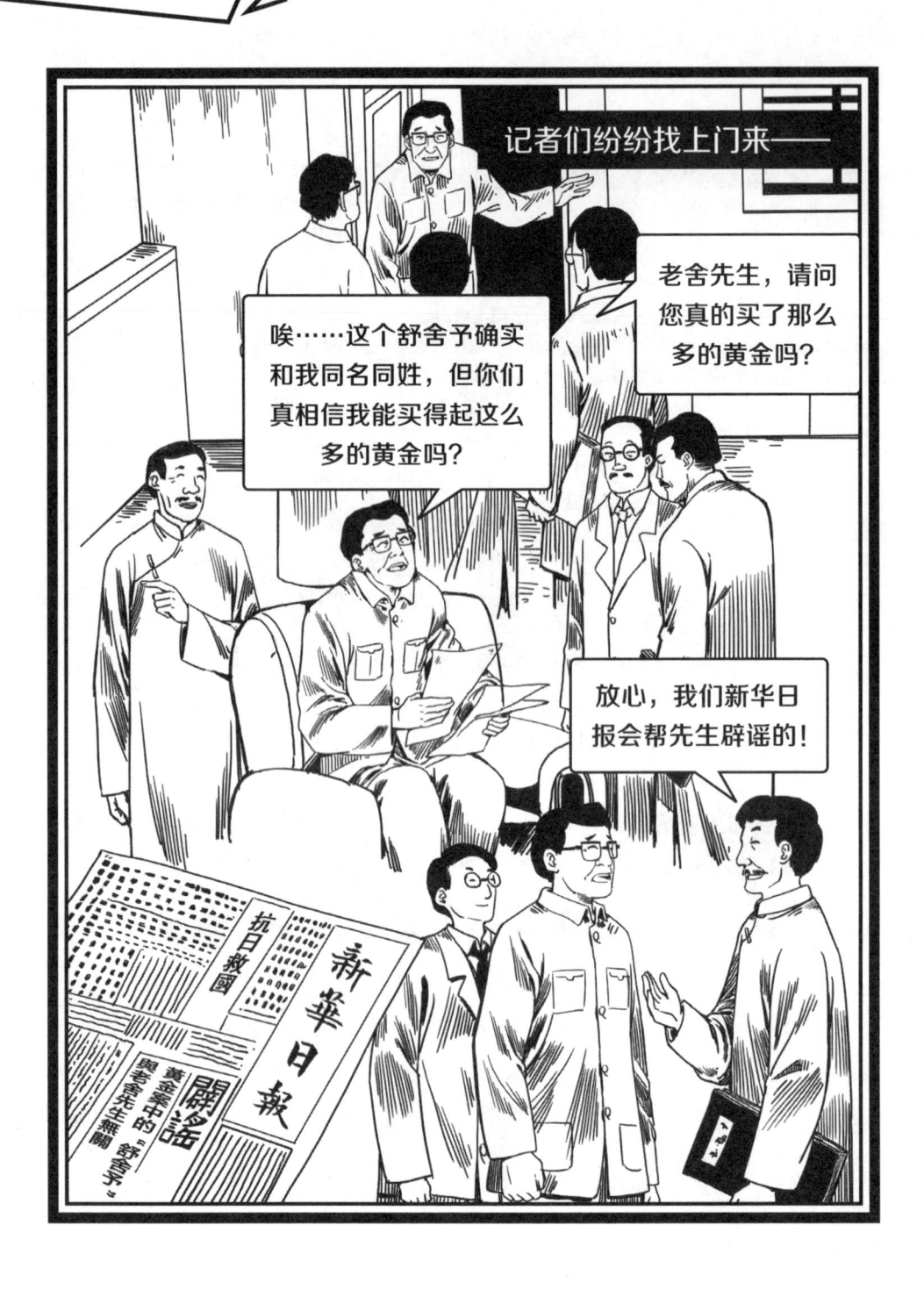

特务老兄

报上说啦，老舍先生还在乡下过着穷日子呢！

哈哈，果然是谣传！

直到抗战胜利之后，这桩黄金案才终于水落石出——

原来是孔祥熙的女儿孔二小姐，为了能多买黄金，才随便用了"舒舍予"的名字。

孔家可是"四大家族"之一，财力雄厚啊！

白白让老舍先生受委屈咯！

特务老兄

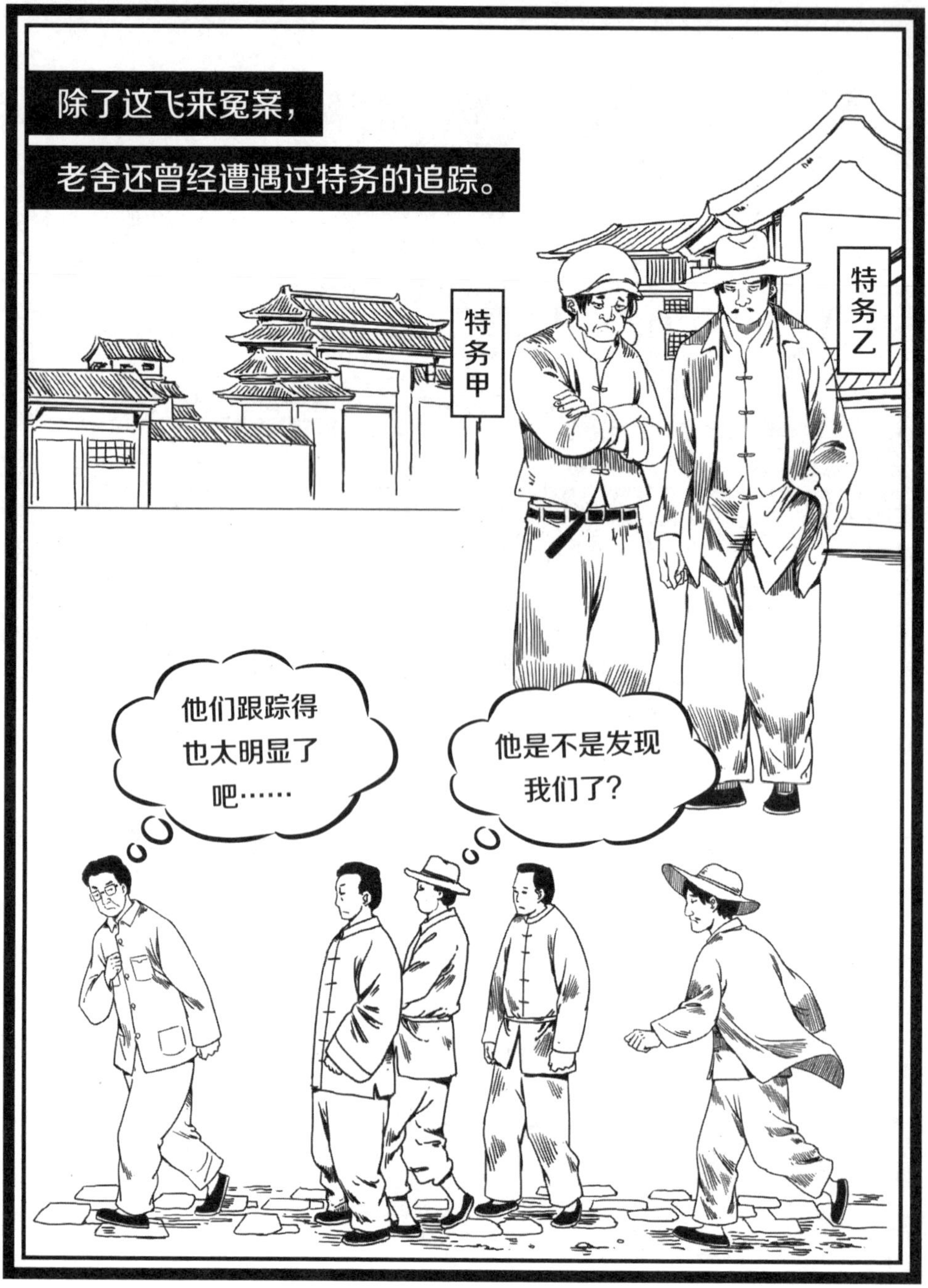

特务老兄

老兄,你每月拿几块钱?我替你写我的报告好不好?

……

我……我该说些什么?

太尴尬了,还是走为上计……

别人遇到这种事都是避之不及,而老舍发现自己被特务盯梢之后却是不慌不忙。

特务老兄

老舍曾经在自己的作品《四世同堂》中提到过特务——

在必要的时候，我还吓唬他们，说我是中央派来的。

他们是最时髦的组织，同时也是最靠不住的组织。

钱默吟

没错，这其实都是我的"斗争经验"啊！

所以钱默吟的话就是你要说的话咯？

四世同堂（节选）

—

（一）

  祁老太爷什么也不怕，只怕庆不了八十大寿。在他的壮年，他亲眼看见八国联军怎样攻进北京城。后来，他看见了清朝的皇帝怎样退位，和接续不断的内战；一会儿九城的城门紧闭，枪声与炮声日夜不绝；一会儿城门开了，马路上又飞驰着得胜的军阀的高车大马。战争没有吓倒他，和平使他高兴。逢节他要过节，遇年他要祭祖，他是个安分守己的公民，只求消消停停的过着不至于愁吃愁穿的日子。即使赶上兵荒马乱，他也自有办法：最值得说的是他的家里老存着全家够吃三个月的粮食与咸菜。这样，即使炮弹在空中飞，兵在街上乱跑，他也会关上大门，再用装满石头的破缸顶上，便足以消灾避难。

> 北平过去的动乱持续时间确实比较短：
> 张勋复辟＜1月；直皖战争＜1周；第一次直奉战争＜1周；第二次直奉战争＝2月

为什么祁老太爷只预备三个月的粮食与咸菜呢？这是因为在他的心理上，他总以为北平是天底下最可靠的大城，不管有什么灾难，到三个月必定灾消难满，而后诸事大吉。==北平的灾难恰似一个人免不了有些头疼脑热，过几天自然会好了的。==不信，你看吧，祁老太爷会屈指算计：直皖战争有几个月？直奉战争又有好久？啊！听我的，咱们北平的灾难过不去三个月！

<u>七七抗战那一年，祁老太爷已经七十五岁</u>。对家务，他早已不再操心。他现在的重要工作是浇浇院中的盆花，说说老年间的故事，给笼中的小黄鸟添食换水，和携着重孙子孙女极慢极慢的去逛大街和护国寺。可是，芦沟桥的炮声一响，他老人家便没法不稍微操点心了，谁教他是四世同堂的老太爷呢。

儿子已经是过了五十岁的人，而儿媳的身体又老那么病病歪歪的，所以祁老太爷把长孙媳妇叫过来。老人家最喜欢长孙媳妇，因

> 1937年祁老太爷75岁（虚岁）→ 他出生于1861年中秋节
> 本篇小说写于1944年，是抗日战争的战略反攻阶段。

为第一，她已给祁家生了儿女，教他老人家有了重孙子孙女；第二，她既会持家，又懂得规矩，一点也不像二孙媳妇那样把头发烫得烂鸡窝似的，看着心里就闹得慌；第三，儿子不常住在家里，媳妇又多病，所以事实上是长孙与长孙媳妇当家，而长孙终日在外教书，晚上还要预备功课与改卷子，那么一家十口的衣食茶水，与亲友邻居的庆吊交际，便差不多都由长孙媳妇一手操持了；这不是件很容易的事，所以老人天公地道的得偏疼点她。还有，老人自幼长在北平，耳习目染的和旗籍人学了许多规矩礼路：儿媳妇见了公公，当然要垂手侍立。可是，儿媳妇既是五十多岁的人，身上又经常的闹着点病；老人若不教她垂手侍立吧，便破坏了家规；教她立规矩吧，又于心不忍，所以不如干脆和长孙媳妇商议商议家中的大事。

　　祁老人的背虽然有点弯，可是全家还属他的身量最高。在壮年的时候，他到处都被叫作"祁大个子"。高身量，长脸，他本应当很有威严，可是他的眼睛太小，一笑便变成一条缝子，于是，人们只看见他的高大的身躯，而觉不出什么特别可敬畏的地方来。到了老年，他倒变得好看了一些：黄暗的脸，雪白的须眉，眼角腮旁全皱出永远含笑的纹溜；小眼深深的藏在笑纹与白眉中，看去总是笑眯眯的显出和善；在他真发笑的时候，他的小眼放出一点点光，倒好像是有无限的智慧而不肯一下子全放出来似的。

　　把长孙媳妇叫来，老人用小胡梳轻轻的梳着白须，半天没有出

声。老人在幼年只读过三本小书与六言杂字；少年与壮年吃尽苦处，独力置买了房子，成了家。他的儿子也只在私塾读过三年书，就去学徒；直到了孙辈，才受了风气的推移，而去入大学读书。现在，他是老太爷，可是他总觉得学问既不及儿子——儿子到如今还能背诵上下《论语》，而且写一笔被算命先生推奖的好字——更不及孙子，而很怕他们看不起他。因此，他对晚辈说话的时候总是先愣一会儿，表示自己很会思想。对长孙媳妇，他本来无须这样，因为她识字并不多，而且一天到晚嘴中不是叫孩子，便是谈论油盐酱醋。不过，日久天长，他已养成了这个习惯，也就只好教孙媳妇多站一会儿了。

长孙媳妇没入过学校，所以没有学名。出嫁以后，才由她的丈夫像赠送博士学位似的送给她一个名字——韵梅。韵梅两个字仿佛不甚走运，始终没能在祁家通行得开。公婆和老太爷自然没有喊她名字的习惯与必要，别人呢又觉得她只是个主妇，和"韵"与"梅"

自古以来文人爱给别人起名字，
比如辛弃疾。

似乎都没多少关系。况且,老太爷以为"韵梅"和"运煤"既然同音,也就应该同一个意思,"好吗,她一天忙到晚,你们还忍心教她去运煤吗?"这样一来,连她的丈夫也不好意思叫她了,于是她除了"大嫂""妈妈"等应得的称呼外,便成了"小顺儿的妈";小顺儿是她的小男孩。

> 韵梅被定位在了母亲的位置,默默付出且临危不乱,这是传统的中国母亲形象,也是一家的支柱。

小顺儿的妈长得不难看,中等身材,圆脸,两只又大又水灵的眼睛。她走路,说话,吃饭,作事,都是快的,可是快得并不发慌。她梳头洗脸擦粉也全是快的,所以有时候碰巧了把粉擦得很匀,她就好看一些;有时候没有擦匀,她就不大顺眼。当她没有把粉擦好而被人家嘲笑的时候,她仍旧一点也不发急,而随着人家笑自己。她是天生的好脾气。

祁老人把白须梳够,又用手掌轻轻擦了两把,才对小顺儿的妈说:

> 细节描写,老人想摆出长者的姿态,也想显示出自己很有思想,并且已经形成了习惯。

- 47 -

"咱们的粮食还有多少啊？"

小顺儿的妈的又大又水灵的眼很快的转动了两下，已经猜到老太爷的心意。很脆很快的，她回答：

"还够吃三个月的呢！"

其实，家中的粮食并没有那么多。她不愿因说了实话，而惹起老人的罗嗦。对老人和儿童，她很会运用善意的欺骗。

"咸菜呢？"老人提出第二个重要事项来。

她回答的更快当："也够吃的！干疙疸，老咸萝卜，全还有呢！"她知道，即使老人真的要亲自点验，她也能马上去买些来。

"好！"老人满意了。有了三个月的粮食与咸菜，就是天塌下来，祁家也会抵抗的。可是老人并不想就这么结束了关切，他必须给长孙媳妇说明白了其中的道理：

"日本鬼子又闹事哪！哼！闹去吧！庚子年，八国联军打进了北京城，连皇上都跑了，也没把我的脑袋掰了去呀！八国都不行，单是几个日本小鬼还能有什么蹦儿？咱们这是宝地，多大的乱子也过不去三个月！咱们可也别太粗心大胆，起码得有窝头和咸菜吃！"

老人说一句，小顺儿的妈点一次头，或说一声"是"。老人的话，她已经听过起码有五十次，但是还当作新的听。老人一见有人欣赏自己的话，不由的提高了一点嗓音，以便增高感动的力量：

"你公公，别看他五十多了，论操持家务还差得多呢！你婆婆，

- 48 -

简直是个病包儿,你跟她商量点事儿,她光会哼哼!这一家,我告诉你,就仗着你跟我!咱们俩要是不操心,一家子连裤子都穿不上!你信不信?"

> 正反问句,明确要求对方表态。

小顺儿的妈不好意思说"信",也不好意思说"不信",只好低着眼皮笑了一下。

"瑞宣还没回来哪?"老人问。瑞宣是他的长孙。

"他今天有四五堂功课呢。"她回答。

"哼!开了炮,还不快快的回来!瑞丰和他的那个疯娘们呢?"老人问的是二孙和二孙媳妇——那个把头发烫成鸡窝似的妇人。

"他们俩——"她不知道怎样回答好。

"年轻轻的公母俩,老是蜜里调油,一时一刻也离不开,真也不怕人家笑话!"

> 北京话。

小顺儿的妈笑了一下:"这早晚的年轻夫妻都是那个样儿!"

"我就看不下去!"老人斩钉截铁的说。"都是你婆婆宠得她!我没看见过,一个年轻轻的妇道一天老长在北海,东安市场和——

什么电影园来着？"

"我也说不上来！"她真说不上来，因为她几乎永远没有看电影去的机会。

"小三儿呢？"小三儿是瑞全，因为还没有结婚，所以老人还叫他小三儿；事实上，他已快在大学毕业了。

"老三带着妞子出去了。"妞子是小顺儿的妹妹。

"他怎么不上学呢？"

"老三刚才跟我讲了好大半天，说咱们要再不打日本，连北平都要保不住！"小顺儿的妈说得很快，可是也很清楚。"说的时候，他把脸都气红了，又是搓拳，又是磨掌的！我就直劝他，反正咱们姓祁的人没得罪东洋人，他们一定不能欺侮到咱们头上来！我是好意这么跟他说，好教他消消气；喝，哪知道他跟我瞪了眼，好像我和日本人串通一气似的！我不敢再言语了，他气哼哼的扯起妞子就出去了！您瞧，我招了谁啦？"

老人愣了一小会

儿，然后感慨着说："我很不放心小三儿，怕他早晚要惹出祸来！"

正说到这里，院里小顺儿撒娇的喊着：

"爷爷！爷爷！你回来啦？给我买桃子来没有？怎么，没有？连一个也没有？爷爷你真没出息！"

小顺儿的妈在屋中答了言："顺儿！不准和爷爷讪脸！再胡说，我就打你去！"

小顺儿不再出声，爷爷走了进来。小顺儿的妈赶紧去倒茶。爷爷（祁天佑）是位五十多岁的黑胡子小老头儿。中等身材，相当的富泰，圆脸，重眉毛，大眼睛，头发和胡子都很重很黑，很配作个体面的铺店的掌柜的——事实上，他现在确是一家三间门面的布铺掌柜。他的脚步很重，每走一步，他的脸上的肉就颤动一下。作惯了生意，他的脸上永远是一团和气，鼻子上几乎老拧起一旋笑纹。今天，他的神气可有些不对。他还要勉强的笑，可是眼睛里并没有笑时那点光，鼻子上的一旋笑纹也好像不能拧紧；笑的时候，他几乎不敢大大方方的抬起头来。

"怎样？老大！"祁老太爷用手指轻轻的抓着白胡子，就手儿看了看儿子的黑胡子，心中不知怎的有点不安似的。

黑胡子小老头很不自然的坐下，好像白胡子老头给了他一些什么精神上的压迫。看了父亲一眼，他低下头去，低声的说：

"时局不大好呢！"

"打得起来吗?"小顺儿的妈以长媳的资格大胆的问。

"人心很不安呢!"

祁老人慢慢的立起来:"小顺儿的妈,把顶大门的破缸预备好!"

"破缸"频频出现!这是一位饱经沧桑的老人磨炼出的人生智慧。

"奴才"改稿

“奴才”改稿

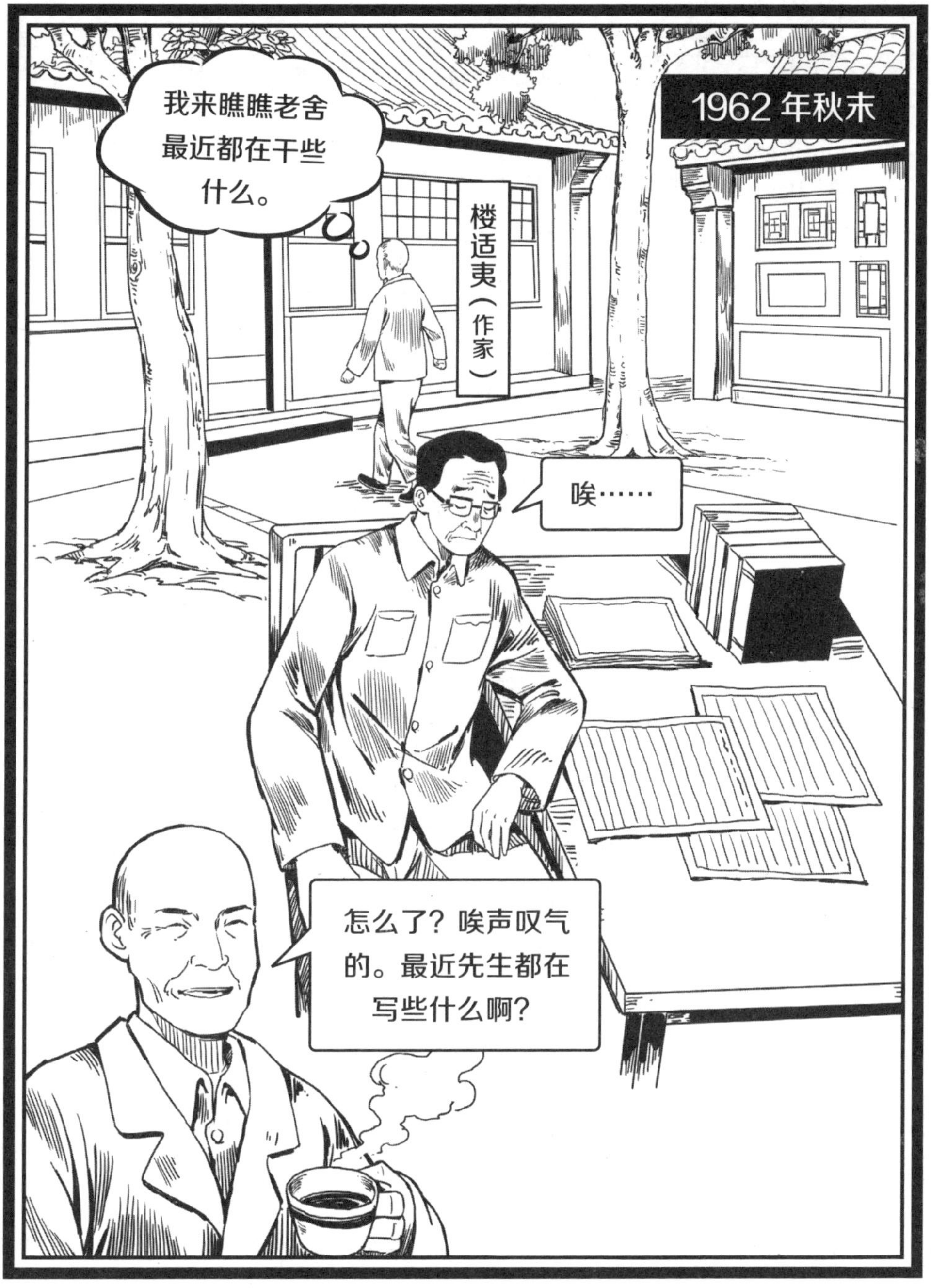

"奴才"改稿

我正在当"奴才",给我们的"皇帝"润色稿子呢!

皇帝?现在是新社会,哪儿来的皇帝呢?

就是组织委托我给溥仪润色他的自传!

我的前半生

爱新觉罗·溥仪

"奴才"改稿

《我的前半生》是溥仪在抚顺战犯管理所中写的自传，具有珍贵的历史意义。

老舍愿意在百忙之中抽出时间去润色它，的确是有些出人意料的。

老舍和溥仪有过一些私交——

> 两位都是满族人吧？

"奴才"改稿

1958年

（清末宗室）载涛

和我一起去见毛主席，帮忙保释溥仪吧？

抱歉，这事儿我不能同意。

溥仪干过的事真的是丢尽了旗人的脸面啊！

在文字和写法上，我还是得给他提点修改意见。

1962年

看似无情的老舍，在为溥仪润色作品时，却是相当认真负责。

"奴才"改稿

他从根本上肯定了这部"反省式"自传的价值。

溥仪这个人的变化真是了不起，不容易啊。

你们发现了吗？溥仪这书里藏着不少京味儿呢！

这都是老舍先生的心血吧。

"奴才"改稿

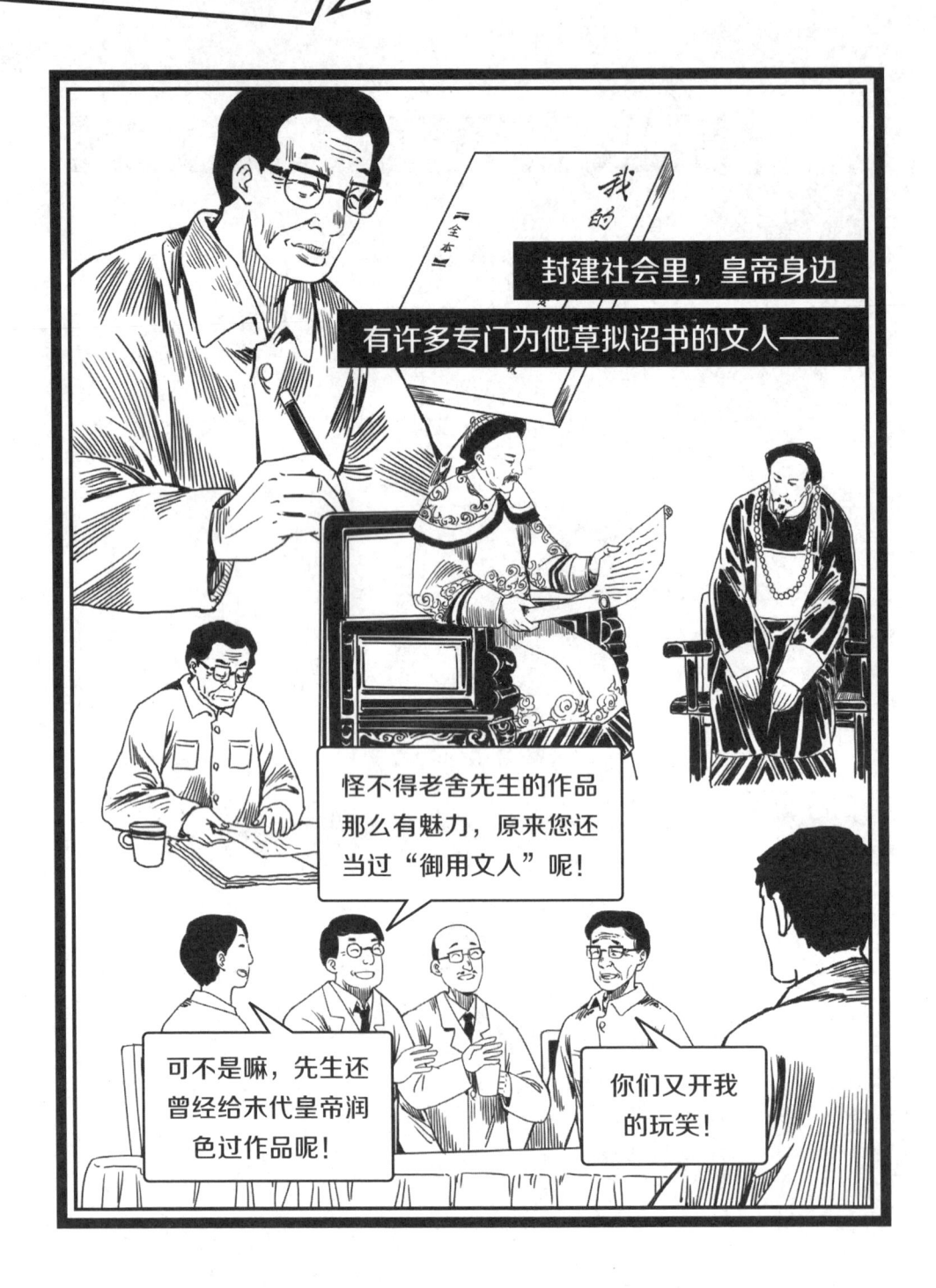

封建社会里,皇帝身边有许多专门为他草拟诏书的文人——

怪不得老舍先生的作品那么有魅力,原来您还当过"御用文人"呢!

可不是嘛,先生还曾经给末代皇帝润色过作品呢!

你们又开我的玩笑!

断魂枪
△△△

沙子龙的镖局已改成客栈。

东方的大梦没法子不醒了。炮声压下去马来与印度野林中的虎啸。半醒的人们，揉着眼，祷告着祖先与神灵；不大会儿，失去了国土、自由与主权。门外立着不同面色的人，枪口还热着。他们的长矛毒弩，花蛇斑彩的厚盾，都有什么用呢；连祖先与祖先所信的神明全不灵了啊！龙旗的中国也不再神秘，有了火车呀，穿坟过墓破坏着风水。枣红色多穗的镖旗，绿鲨皮鞘的钢刀，响着串铃的口马，江湖上的智慧与黑话，义气与声名，连沙子龙，他的武艺、事业，都梦似的变成昨夜的。今天是火车、快枪，通商与恐怖。听说，有人还要杀下皇帝的头呢！

这是走镖已没有饭吃，而国术还没被革命党与教育家提倡起来

> 独立成段，这句不仅是介绍沙子龙所处的时代，同时也是在说革命者和教育家都还没有找到出路，像沙子龙这样的普通老百姓又能做些什么呢？

的时候。　　第一次夜间独自拿枪——简要叙述，为后文进行铺垫。

谁不晓得沙子龙是短瘦、利落、硬棒，两眼明得像霜夜的大星？可是，现在他身上放了肉。镖局改了客栈，他自己在后小院占着三间北房，大枪立在墙角，院子里有几只楼鸽。只是在夜间，他把小院的门关好，熟习熟习他的"五虎断魂枪"。这条枪与这套枪，二十年的工夫，在西北一带，给他创出来"神枪沙子龙"五个字，没遇见过敌手。现在，这条枪与这套枪不会再替他增光显胜了；只是摸摸这凉、滑、硬而发颤的杆子，使他心中少难过一些而已。只有在夜间独自拿起枪来，才能相信自己还是"神枪沙"。在白天，他不大谈武艺与往事；==他的世界已被狂风吹了走。==

> 沙子龙：外冷内热、深藏不露、孤傲执着。
> ☆优点：善良、讲义气、重礼节、洁身自好；
> ☆缺点：封闭顽固。

在他手下创练起来的少年们还时常来找他。他们大多数是没落子的，都有点武艺，可是没地方去用。有的在庙会上去卖艺：踢两趟腿，练套家伙，翻几个跟头，附带着卖点大力丸，混个三吊两吊的。有的实在闲不起了，去弄筐果子，或挑些毛豆角，赶早儿在街上论斤吆喝出去。那时候，米贱肉贱，肯卖膀子力气本来可以混个

> 沙子龙武艺高强，但是面对西方的先进武器，他的一身本领没有了用武之地。

肚儿圆；他们可是不成：肚量既大，而且得吃口管事儿的；干饽饽辣饼子咽不下去。况且他们还时常去走会：五虎棍，开路，太狮少狮……虽然算不了什么——比起走镖来——可是到底有个机会活动活动，露露脸。是的，走会捧场是买脸的事，他们打扮的得像个样儿，至少得有条青洋绉裤子，新漂白细市布的小褂，和一双鱼鳞洒鞋——顶好是青缎子抓地虎靴子。<u>他们是神枪沙子龙的徒弟——虽然沙子龙并不承认——得到处露脸，走会得赔上俩钱，说不定还得打场架。</u>没钱，上沙老师那里去求。沙老师不含糊，多少不拘，不让他们空着手儿走。可是，为打架或献技去讨教一个招数，或是请给说个"对子"——什么空手夺刀，或虎头钩进枪——沙老师有时说句笑话，马虎过去："教什么？拿开水浇吧！"有时直接把他们赶出去。他

> 这些得不到沙子龙认可的徒弟在外面胡作非为，是一种浮躁和盲目的典型国民心态。
>
> 由一个人拓展到一个群体，进一步拓宽了作品的思想广度，加深了作品的思想深度。

们不大明白沙老师是怎么了，心中也有点不乐意。

可是，他们到处为沙老师吹腾，一来是愿意使人知道他们的武艺有真传授，受过高人的指教；二来是为激动沙老师：万一有人不服气而找上老师来，老师难道还不露一两手真的么？所以：沙老师一拳就砸倒了个牛！沙老师一脚把人踢到房上去，并没使多大的劲！他们谁也没见过这种事，但是说着说着，他们相信这是真的了，有年月，有地方，千真万确，敢起誓！

◆性格：兽势凶盛，争强好胜。正好与沙子龙的深藏不露形成对比。

王三胜——沙子龙的大伙计——在土地庙拉开了场子，摆好了家伙。抹了一鼻子茶叶末色的鼻烟，他抡了几下竹节钢鞭，把场子打大一些。放下鞭，没向四围作揖，叉着腰念了两句："脚踢天下好汉，拳打五路英雄！"向四围扫了一眼："乡亲们，王三胜不是卖艺的；玩艺儿会几套，西北路上走过镖，会过绿林中的朋友。现在闲着没事，拉个场子陪诸位玩玩。有爱练的尽管下来，王三胜以武会友，有赏脸的，我陪着。神枪沙子龙是我的师傅；玩艺地道！诸位，有愿下来的没有？"他看着，准知道没人敢下来，他的话硬，

客套话，赏脸是指给面子。

说出这番话，其实还是希望看客们能多给钱。

可是那条钢鞭更硬，十八斤重。

> 一语双关！
> 如果有人发出挑战，王三胜绝不会留情。

王三胜，大个子，一脸横肉，努着对大黑眼珠，看着四围。大家不出声。他脱了小褂，紧了紧深月白色的"腰里硬"，把肚子杀进去。给手心一口唾沫，抄起大刀来：

"诸位，王三胜先练趟瞧瞧。不白练，练完了，带着的扔几个；没钱，给喊个好，助助威。这儿没生意口。好，上眼！"

大刀靠了身，眼珠努出多高，脸上绷紧，胸脯子鼓出，像两块老桦木根子。一跺脚，刀横起，大红缨子在肩前摆动。削砍劈拨，蹲越闪转，手起风生，忽忽直响。忽然刀在右手心上旋转，身弯下去，四围鸦雀无声，只有缨铃轻叫。刀顺过来，猛地一个"跺泥"，身子直挺，比众人高着一头，黑塔似的。收了势："诸位！"一手持刀，一手叉腰，看着四围。稀稀的扔下几个铜钱，他点点头。"诸位！"他等着，等着，地上依旧是那几个亮而削薄的铜钱，外层的人偷偷散去。他咽了口气："没人懂！"他低声的说，可是大家全听见了。

"有功夫！"西北角上一个黄胡子老头儿答了话。

"啊？"王三胜好似没听明白。

> 肯定了王三胜的功夫，表现孙老者的深藏不露和行家眼光。

"我说：你——有——功——夫！"老头子的语气很不得人心。

放下大刀，王三胜随着大家的头往西北看。谁也没看重这个老人：小干巴个儿，披着件粗蓝布大衫，脸上窝窝瘪瘪，眼陷进去很深，嘴上几根细黄胡，肩上扛着条小黄草辫子，有筷子那么细，而绝对不像筷子那么直顺。王三胜可是看出这老家伙有功夫，脑门亮，眼睛亮——眼眶虽深，眼珠可黑得像两口小井，深深的闪着黑光。王三胜不怕：他看得出别人有功夫没有，可更相信自己的本事，他是沙子龙手下的大将。

> 王三胜和孙老者这一局是本文的核心情节，也是为主角出场做铺垫。

"下来玩玩，大叔！"王三胜说得很得体。

点点头，老头儿往里走。这一走，四外全笑了。他的胳臂不大动；左脚往前迈，右脚随着拉上来，一步步地往前拉扯，身子整着，像是患过瘫痪病。蹭到场中，把大衫扔在地上，一点没理会四围怎样笑他。

> 孙老者：刚直锐进、求艺心切、乐观坚韧、奔走江湖。

"神枪沙子龙的徒弟，你说？好，让你使枪吧；我呢？"老头子非常地干脆，很像久想动手。

人们全回来了，邻场耍狗熊的无论怎么敲锣也不中用了。

"三截棍进枪吧？"王三胜要看老头子一手，三截棍不是随便就拿得起来的家伙。

老头子又点点头，拾起家伙来。

> 老舍先生很擅长比喻！传神地表现了孙老者的眼神以及他爱艺知命的特点。

王三胜弩着眼，抖着枪，脸上十分难看。

老头子的黑眼珠更深更小了，像两个香火头，随着面前的枪尖儿转，王三胜忽然觉得不舒服，那俩黑眼珠似乎要把枪尖吸进去！四外已围得风雨不透，大家都觉出老头子确是有威。为躲那对眼睛，王三胜耍了个枪花。老头子的黄胡子一动："请！"王三胜一扣枪，向前躬步，枪尖奔了老头子的喉头去，枪缨打了一个红旋。老人的身子忽然活展了，将身微偏，让过枪尖，前把一挂，后把撩王三胜的手。拍，拍，两响，王三胜的枪撒了手。场外叫了好。王三胜连脸带胸口全紫了，抄起枪来；一个花子，连枪带人滚了过来，枪尖奔了老人的中部。老头子的眼亮得发着黑光；腿轻轻一屈，下把掩裆，上把打着刚要抽回的枪杆；拍，枪又落在地上。

王三胜——急躁冒进；
孙老者——沉稳灵活。

场外又是一片彩声。王三胜流了汗，不再去拾枪，努着眼，木在那里。老头子扔下家伙，拾起大衫，还是拉拉着腿，可是走得很快了。大衫搭在臂上，他过来拍了王三胜一下："还得练哪，伙计！"

"别走！"王三胜擦着汗："你不离，姓王的服了！可有一样，你敢会会沙老师？"

"就是为会他才来的！"老头子的干巴脸上皱起点来，似乎是笑呢，"走；收了吧；晚饭我请！"

王三胜把兵器拢在一处，寄放在变戏法二麻子那里，陪着老头

这场比武的目的：
1. 借徒弟试探沙子龙的武功；
2. 借此激出沙子龙与他比试。

子往庙外走。后面跟着不少人，他把他们骂散了。

"你老贵姓？"他问。

"姓孙哪。"老头子的话与人一样，都那么干巴，"爱练；久想会会沙子龙。"

沙子龙不把你打扁了！王三胜心里说。他脚底下加了劲，可是没把孙老头落下。他看出来，老头子的腿是老走着查拳门中的连跳步；交起手来，必定很快。但是，无论他怎么快，沙子龙是没对手的。准知道孙老头要吃亏，他心中痛快了些，放慢了些脚步。

"孙大叔贵处？"

"河间的，小地方。"孙老者也和气了些，"月棍年刀一辈子枪，不容易见功夫！说真的，你那两手就不坏！"

王三胜头上的汗又回来了，没言语。

到了客栈，他心中直跳，唯恐沙老师不在家，他急于报仇。他知道老师不爱管这种事，师弟们已碰过不少回钉子，可是他相信这回必定行，他是大伙计，不比那些毛孩子；再说，人家在庙会上点名叫阵，沙老师还能丢这个脸么？

"三胜，"沙子龙正在床上看着本《封神榜》，"有事吗？"

三胜的脸又紫了，嘴唇动着，说不出话来。

沙子龙坐起来："怎么了，三胜？"

"栽了跟头！"

> 只打了个不甚长的哈欠，沙老师没别的表示。

沙子龙不想逞一时之快，也不想在众人面前耍威风。

王三胜心中不平，但是不敢发作；他得激动老师："姓孙的一个老头儿，门外等着老师呢；把我的枪，枪，打掉了两次！"他知道"枪"字在老师心中有多大分量。没等吩咐，他慌忙跑出去。

客人进来，沙子龙在外间屋等着呢。彼此拱手坐下，他叫三胜去泡茶。三胜希望两个老人立刻交了手，可是不能不沏茶去。孙老者没话讲，用深藏着的眼睛打量沙子龙。沙很客气：

"要是三胜得罪了你，不用理他，年纪还轻。"

孙老者有些失望，可也看出沙子龙的精明。他不知怎样好了，不能拿一个人的精明断定他的武艺。"我来领教领教枪法！"他不由地说出来。

沙子龙没接碴儿。王三胜提着茶壶走进来——急于看二人动手，他没管水开了没有，就沏在壶中。

"三胜，"沙子龙拿起个茶碗来，"去找小顺们去，天汇见，陪孙老者吃饭。"

"什么！"王三胜的眼珠几乎掉出来。看了看沙老师的脸，他敢怒而不敢言地说了声"是啦！"走出去，撅着大嘴。

"教徒弟不易！"孙老者说。

"我没收过徒弟。走吧，这个水不开！茶馆去喝，喝饿了就吃。"沙子龙从桌子上拿起缎子褡裢，一头装着鼻烟壶，一头装着点钱，挂在腰带上。

"不，我还不饿！"孙老者很坚决，两个"不"字把小辫从肩上抡到后边去。

"说会子话儿。"

"我来为领教领教枪法。"

"功夫早搁下了，"沙子龙指着身上，"已经放了肉！"

"这么办也行，"孙老者深深的看了沙老师一眼，"不比武，教给我那趟五虎断魂枪。"

"五虎断魂枪？"沙子龙笑了，"早忘干净了！早忘干净了！告诉你，在我这儿住几天，咱们各处逛逛，临走，多少送点盘缠。"

"我不逛，也用不着钱，我来学艺！"孙老者立起来，"我练趟给你看看，看够得上学艺不够！"一屈腰已到了院中，把楼鸽都吓飞起去。拉开架子，他打了趟查拳：腿快，手飘洒，一个飞脚起去，小辫儿飘在空中，像从天上落下来一个风筝；快之中，每个架子都摆得稳、准、利落；来回六趟，把院子满都打到，走得圆，接得紧，身子在一处，而精神贯串到四面八方。抱拳收势，身儿缩紧，好似满院乱飞的燕子忽然归了巢。

写孙老者的非凡武艺是为了衬托沙子龙更高超的功夫，增加人物的宿命感。

"好！好！"沙子龙在台阶上点着头喊。

"教给我那趟枪！"孙老者抱了抱拳。

沙子龙下了台阶，也抱着拳："孙老者，说真的吧；那条枪和那套枪都跟我入棺材，一齐入棺材！"

孙老者对武艺的执着精神也是传统文化在遭遇挑战时努力自存的精神，这是民族战胜挫折的动力。

这意外的发展把整个故事推向了高潮！

- 71 -

"不传？"

"不传！"

> 孙老者的出现为故事增添了悲壮的色彩。

孙老者的胡子嘴动了半天，没说出什么来。到屋里抄起蓝布大衫，拉拉着腿："打搅了，再会！"

"吃过饭走！"沙子龙说。

孙老者没言语。

沙子龙把客人送到小门，然后回到屋中，对着墙角立着的大枪点了点头。

他独自上了天汇，怕是王三胜们在那里等着。他们都没有去。

王三胜和小顺们都不敢再到土地庙去卖艺，大家谁也不再为沙

子龙吹腾；反之，他们说沙子龙栽了跟头，不敢和个老头儿动手；那个老头子一脚能踢死个牛。不要说王三胜输给他，沙子龙也不是他的对手。不过呢，王三胜到底和老头子见了个高低，而沙子龙连句硬话也没敢说。"神枪沙子龙"慢慢似乎被人们忘了。

[夜静人稀，沙子龙关好了小门，一气把六十四枪刺下来；而后，拄着枪，望着天上的群星，想起当年在野店荒林的威风。叹一口气，用手指慢慢摸着凉滑的枪身，又微微一笑："不传！不传！"]

> 这个结局为读者留下了巨大的想象空间。

> 画龙点睛！
> 第二次夜晚独自拿枪——表现了沙子龙的无奈和悲愤。

> 淡定而从容，他知道断魂枪在新时代已经失去了它的市场，也不能再抗拒新生事物，所以决心不再继续传授武艺。既是坚守，也是无奈！